DONDE VIVEN LOS ANIMALES

ANITA GANERI

Cómo usar este libro

Referencias cruzadas
Busca las páginas que se citan en la parte superior de las páginas de la izquierda para saber más de cada tema.

Haz la prueba
Estas burbujas te permiten poner en práctica algunas de las ideas de este libro. Así podrás comprobar si esas ideas funcionan.

Rincón bilingüe
Aquí encontrarás las palabras clave de cada tema, así como frases y preguntas relacionadas con el mismo. ¿Puedes contestar las preguntas? Verás también las **palabras clave en inglés**, junto con su **pronunciación inglesa**. Practica en inglés las palabras que aparecen en negrita dentro de las frases y preguntas.

Curiosidades
En este apartado encontrarás datos de interés sobre otros asuntos relacionados con el tema.

Glosario
Las palabras de difícil significado se explican en el glosario que encontrarás al final del libro. Estas palabras aparecen en negritas a lo largo de todo el texto.

Índice
Al final del libro encontrarás el índice, que relaciona por orden alfabético la mayoría de las palabras que aparecen en el texto. Localiza en el índice la palabra de tu interés y ¡verás en qué página aparece la palabra!

Contenido

En busca de casa

Los animales habitan toda clase de casas, desde agujeros en la tierra hasta nidos de ramas tejidos en los árboles. Necesitan casas donde dormir, protegerse del mal tiempo, cuidar de sus crías y huir de los enemigos. Cada casa debe adecuarse al animal que viva en ella.

▲ Los ñus y las cebras no tienen casas fijas. Viven en grandes **manadas** en los pastizales de África, deteniéndose donde hay comida y agua.

Casas por todas partes
Los refugios de los animales son muy variados. Muchos pájaros ponen sus nidos en las copas de los árboles; los insectos se protegen bajo las hojas y en las grietas del tronco de los árboles. Otros viven en cuevas, en agujeros bajo el suelo o bajo el agua.

▼ En Centroamérica, la oropéndola construye sus largos nidos colgantes en los árboles.

La construcción de la casa
Para hacer sus casas, los animales construyen, excavan, perforan y tejen. Unos utilizan materiales que fabrican en sus cuerpos, como la cera. Otros usan las cosas que encuentran a su alrededor, como piedras, hojas y barro. En primavera puedes observar a los pájaros recogiendo ramas para construir sus nidos.

▲ El ratón de campo teje su casa con hierba y ramas. Utiliza el nido para cuidar y proteger a sus crías.

Rincón Bilingüe

bajo el agua · underwater · *ónder-uóter*
bajo el suelo · underground · *ónder-gráund*
cebras · zebras · *zíbras*
hogares · homes · *jóums*
mal tiempo · bad weather · *bad uéder*
ñu · wildebeest · *uíldebist*
ratón de campo · field mouse · *fild máus*

¿De qué teje su nido el **ratón de campo**? Algunos animales viven **bajo el suelo**. El **ñu** es un animal poco conocido.

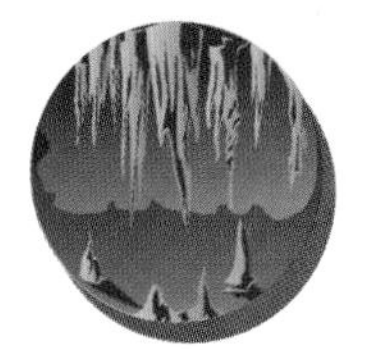

véase: En los árboles, pág. 12

Cuevas y guaridas

Las cuevas proporcionan una casa segura y caliente para cualquier animal. Las de muchos de ellos se hallan en las laderas de acantilados y montañas; las cuevas que excavan en hoyos bajo tierra o en la nieve se llaman guaridas o madrigueras.

▶ **De día, el murciélago duerme en cuevas, donde queda a salvo de depredadores, como ratas, serpientes y búhos.**

La guarida del oso

Existen varias clases de osos, como el oso gris, el pardo y el polar. La mayoría vive en cuevas, en agujeros bajo el suelo o en los huecos de los árboles. El oso polar cava su **guarida** en la nieve; a veces, permanece en ella todo el invierno y sale en primavera, en busca de alimento.

◀ **Las crías del oso gris nacen a finales del invierno. En primavera, cuando mejora el tiempo, salen al exterior.**

Las cuevas de los murciélagos

En las cuevas moran miles de murciélagos. Duermen ahí de día y buscan su comida de noche. Utilizan sus cuevas como guarderías: las crías se cuelgan del techo y paredes mientras sus madres salen a cazar.

Sueño invernal

En invierno, el tiempo es frío y no hay mucho que comer. Los murciélagos y los osos ahorran **energía** durmiendo en su **guarida** hasta la primavera. Este largo sueño se llama hibernación.

Los murciélagos descansan colgados cabeza abajo. Se adhieren con sus garras al techo de la cueva.

Para conservar el calor, envuelven sus cuerpos con las alas y se amontonan en grupo.

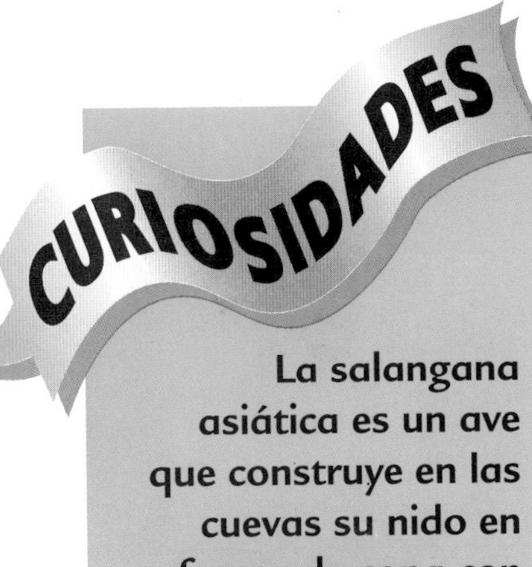

CURIOSIDADES

La salangana asiática es un ave que construye en las cuevas su nido en forma de copa con su propia saliva. Con estos nidos, la gente cocina una deliciosa sopa.

Rincón Bilingüe

búho · owl · *ául*
cueva · cave · *kéiv*
garra · claw · *clo*
gris · gray · *gréi*
guaridas · dens · *dens*
hibernación · hibernation · *jaibernéishon*
murciélagos · bats · *bats*

Los osos salen de sus **guaridas** en la primavera.
¿En qué consiste la **hibernación**?
¿Cómo descansan los **murciélagos**?

véase: Casas subacuáticas, pág. 24

Madriguera del castor

El castor es experto constructor. Una familia de castores trabaja junta para construir su casa o madriguera. Cortan madera y la apilan junto con lodo y piedras para hacer un dique o barrera en medio de un río. El dique detiene el agua y forma un lago, en cuyo centro construyen la madriguera, a salvo de los depredadores.

▲ El castor se alimenta de cortezas de ramitas que roe con sus afilados dientes.

▼ Los castores construyen la **madriguera** sobre una base de lodo y piedras. Sobre ella, forman una masa con ramas, troncos y lodo.

Otros castores construyen en los lagos.

Las moradas
Los castores dejan un hueco en el centro de la **madriguera** para vivir en él. El sitio está sobre el nivel del agua, por lo que es seco y caliente. En él nacen las crías, que permanecen con sus padres durante dos años, hasta que salen y construyen su propia **madriguera**.

Reparación del dique
El castor trabaja duro para mantener el **dique** en buen estado. Repara las grietas con lodo y ramas para evitar que el agua se filtre. Esto mantiene alto el nivel del lago y oculta las entradas bajo el agua que conducen a la **madriguera**.

CURIOSIDADES

Como los castores, la gente construye diques para hacer lagos. En vez de troncos y piedras,
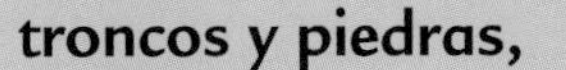
se usa concreto para contener el agua. Con este agua de los lagos se riegan los campos y se obtiene agua potable.

El castor deja agujeros entre las ramas para que entre el aire a la **madriguera.**

Una capa de lodo mantiene el calor y aísla del agua.

Un túnel **subterráneo** *conduce a la* **madriguera.**

Almacenes de alimento
En invierno, los castores necesitan abasto de cortezas de árbol para alimentarse. El agua fría del lago es el almacén perfecto. En otoño, cortan ramas y las sumergen en el lago. El agua actúa como refrigerador, conservando fresca la madera.

Torres de termitas

Las termitas construyen unas casas asombrosas. Este insecto es del tamaño de un grano de arroz, pero cuando se junta por millones construyen nidos que son tres veces más altos que una persona. Cada nido contiene un rey y una reina que se pasan casi todo el tiempo reproduciéndose. Las demás termitas ayudan a construir el nido, buscar comida y cuidar de las crías.

Paredes de barro

Las **termitas** obreras construyen con barro el nido. Cuando las paredes se secan, se endurecen como la roca, de modo que el nido queda protegido de **depredadores** como el oso hormiguero y el chimpancé.

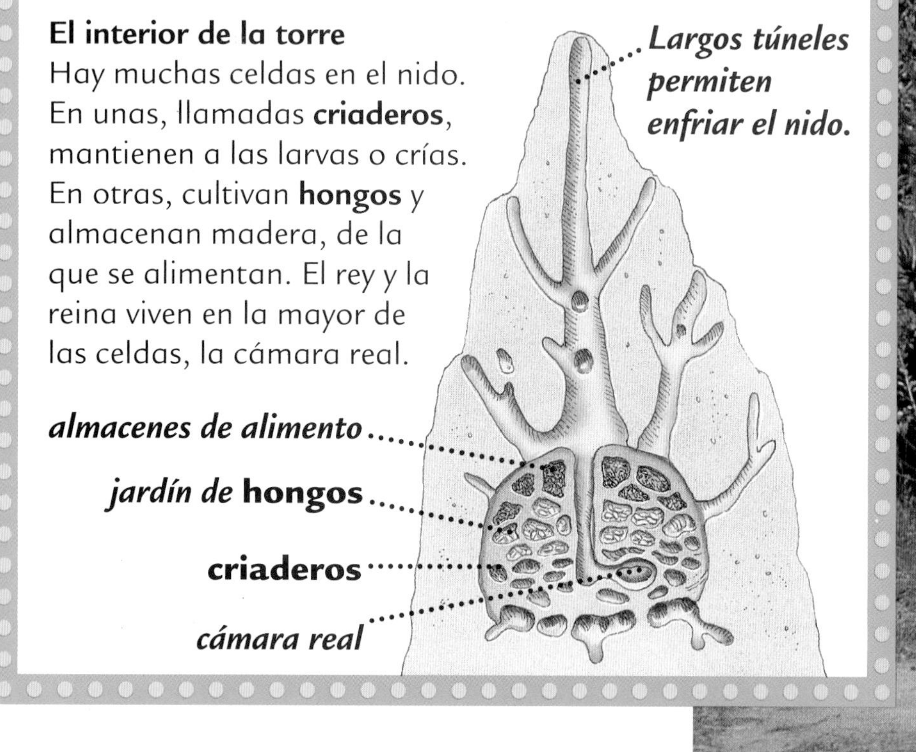

El interior de la torre

Hay muchas celdas en el nido. En unas, llamadas **criaderos**, mantienen a las larvas o crías. En otras, cultivan **hongos** y almacenan madera, de la que se alimentan. El rey y la reina viven en la mayor de las celdas, la cámara real.

▲ **Cuando las termitas abandonan el nido, otros animales, como estas mangostas enanas, se instalan en él.**

◀ **Este termitero se halla en Australia. Pueden tardar más de 50 años en construir uno igual.**

Refrigeración

El aire del interior podría calentarse y volverse asfixiante, de modo que las termitas tienen un ingenioso sistema de acondicionamiento de aire. Construyen largos túneles que permiten que el aire caliente salga y entre el frío. También bañan las paredes con agua o saliva.

Australia · Australia · *austrelia*
caliente · hot · *jot*
criadero · nursery · *nérseri*
mangosta · mongoose · *móngus*
oso hormiguero · anteater · *ant-íter*
termita · termite · *térmait*
torres · towers · *táuers*

El **oso hormiguero** es enemigo de las **termitas**. Las crías de las **termitas** crecen en un **criadero**. Las **termitas** construyen altas **torres**.

véase: Colmenas, pág. 14; Nidos de pájaros, pág. 16; Toda clase de nidos, pág. 18

En los árboles

Los árboles dan cobijo a animales de todo tipo. Pájaros y pequeños mamíferos descansan en las ramas lejos del suelo o en los agujeros de los troncos. Las cochinillas, arañas y abejas se esconden en las grietas de la corteza. Las polillas y las mariposas hacen sus nidos entre las hojas.

▼ Las ardillas construyen sus nidos con ramas y hojas.

▲ Las bromelias crecen en los árboles tropicales. Cuando llueve, se llenan de agua y son las casas de las ranas arborícolas.

Casas de hojas

Muchas criaturas usan las hojas como refugio. La ardilla oculta su nido cubriéndolo con hojas. En América Central, un tipo de murciélago se amontona en grupos bajo las hojas de las palmas a salvo de las lluvias.

Debajo de las raíces

Los tejones construyen sus **madrigueras** debajo de las raíces de los árboles. Ahí el suelo está seco y es fácil de excavar. Las raíces impiden que el suelo se hunda.

CURIOSIDADES

Las hormigas tejedoras cosen hojas para hacer sus nidos, pero no usan aguja ni hilo. Toman a sus **larvas** y las deslizan entre los bordes de las hojas. La seda pegajosa que segregan las **larvas** sirve para fijar los bordes de las hojas.

La vida en el tronco

Cuando se rompen las ramas de los árboles, quedan agujeros en el tronco. Éstos son lugares excelentes para los nidos de las aves. Algunas hacen sus propios agujeros. El pájaro carpintero tarda dos semanas en picotear un agujero. Un cráneo extrafuerte protege su cabeza, mientras horada.

Rincón Bilingüe

aguja · needle · *nidl*
agujero · hole · *jóul*
árbol · tree · *trí*
ardilla · squirrel · *scuérl*
borde · edge · *edll*
cráneo · skull · *scol*
hilo · thread · *zred*
pequeño · small · *smol*
pájaros carpinteros · woodpeckers · *údpequers*

¿Cómo fabrican sus nidos los **pájaros carpinteros**?
La **ardilla** es un mamífero **pequeño**.

▲ Los polluelos del pájaro carpintero comen insectos y **larvas**.

véase: Toda clase de nidos, pág. 18

Colmenas

Las abejas viven en grandes grupos en actividad constante. Construyen sus colmenas en los huecos de los árboles. Fabrican cera dentro de sus cuerpos y con la boca y las patas la moldean en celdillas de forma hexagonal. Juntas en hileras, las celdillas forman los panales. Cada colmena contiene muchos de ellos.

▶ Las abejas vuelan por el hueco al interior de la colmena.

Las celdillas están modeladas para que no escurra la miel.

Cuando las celdillas se llenan, las abejas las tapan con cera.

Las celdillas reales contienen huevos que serán reinas al nacer.

▲ La gente construye colmenas en donde cría las abejas y toma parte de la miel que ellas fabrican.

Hábiles constructoras

Las abejas construyen en equipo su casa. Todas las celdillas son de igual forma y tamaño; en unas almacenan la miel y el **polen** con que alimentan a las larvas al nacer, y otras contienen los huevos que pone la reina, la abeja más grande de todas.

HAZ LA PRUEBA

*Puedes hacer tus propias celdillas de abeja con cartulina delgada. Córtala en tiras anchas y dóblalas formando **hexágonos** o figuras de seis lados. Luego, junta los **hexágonos**. Podrás ver que no quedan huecos entre ellos.*

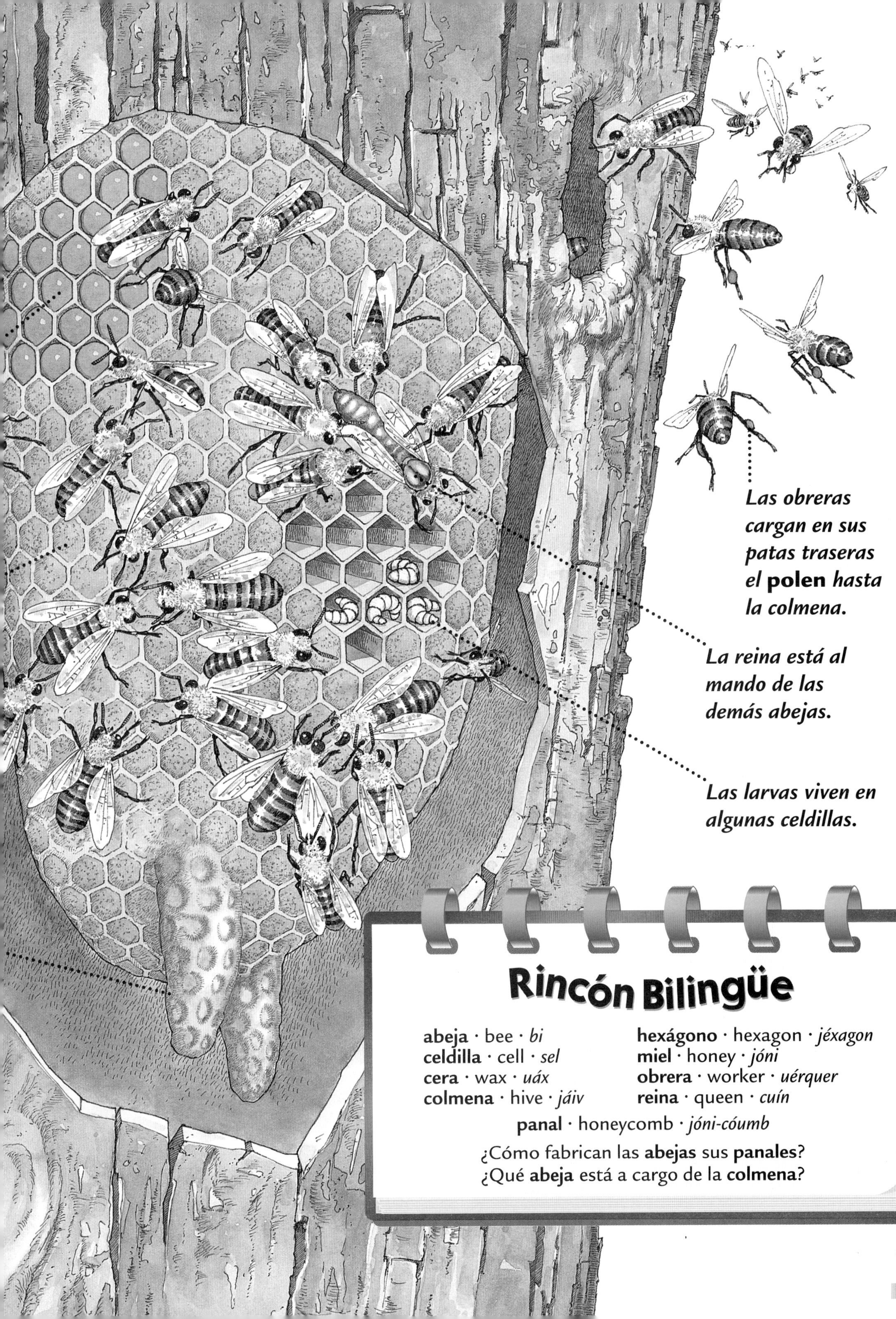

Las obreras cargan en sus patas traseras el **polen** *hasta la colmena.*

La reina está al mando de las demás abejas.

Las larvas viven en algunas celdillas.

Rincón Bilingüe

abeja · bee · *bi*
celdilla · cell · *sel*
cera · wax · *uáx*
colmena · hive · *jáiv*
hexágono · hexagon · *jéxagon*
miel · honey · *jóni*
obrera · worker · *uérquer*
reina · queen · *cuín*
panal · honeycomb · *jóni-cóumb*

¿Cómo fabrican las **abejas** sus **panales**?
¿Qué **abeja** está a cargo de la **colmena**?

véase: En busca de casa, pág. 4; Cuevas y guaridas, pág. 6; En los árboles, pág. 12

Nidos de pájaros

Un tipo de casa animal es el nido de pájaros. En él ponen sus huevos y cuidan a sus crías. Los pájaros hacen sus nidos con los materiales que encuentran en su entorno (pelo de animales, hierbas, barro o algas). Algunos nidos son copas revestidas con plumas y pétalos y otros son meras plataformas de ramas.

▲ **La curruca de los cañaverales teje con hierbas un pequeño nido entre las cañas.**

Obras de construcción

Cualquier lugar seguro es bueno para un nido. El martín pescador cava un túnel en la orilla de los ríos. Al final de éste construye una cámara donde pone los huevos en un colchón de espinas y escamas de pescado.

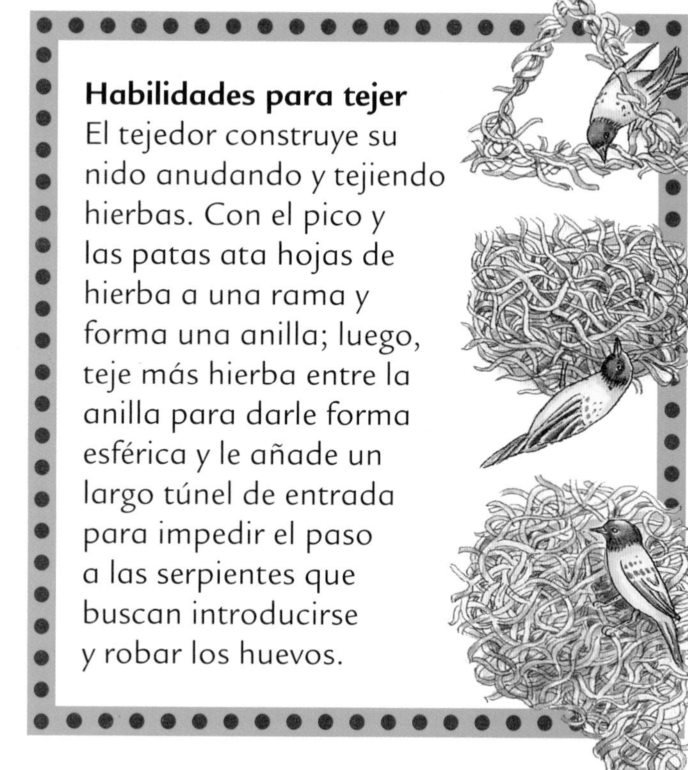

Habilidades para tejer

El tejedor construye su nido anudando y tejiendo hierbas. Con el pico y las patas ata hojas de hierba a una rama y forma una anilla; luego, teje más hierba entre la anilla para darle forma esférica y le añade un largo túnel de entrada para impedir el paso a las serpientes que buscan introducirse y robar los huevos.

Grandes y pequeños

Los nidos son de todas las formas y tamaños. La curruca teje un tupido y pequeño nido en forma de copa. El nido de un águila, en cambio, puede tener la extensión de un automóvil.

CURIOSIDADES

El flamenco vive en grandes lagos de aguas poco profundas. Construye sus nidos con lodo que extrae del fondo del lago. La parte superior del nido tiene forma de copa, para evitar que los huevos caigan al agua.

Rincón Bilingüe

acantilado · cliff · *cliff*
águilas · eagles · *igls*
flamencos · flamingos · *flamíngos*
pico · beak · *bik*
plumas · feathers · *féders*
ramita · twig · *tuíg*
tamaños · sizes · *sáizes*

¿Dónde viven los **flamencos**?
Hay nidos de muchos **tamaños**.
¿Dónde construyen sus **nidos** las **águilas**?

◀ El águila construye su nido en la copa de los árboles o en el pico más alto de un acantilado.

véase: En los árboles, pág. 12

Toda clase de nidos

Las aves no son los únicos animales que viven en nidos. Muchos otros también construyen nidos con toda clase de materiales, incluso papel, arena o barro. Unos viven en el nido todo el año, y otros lo construyen cuando van a poner huevos.

Casas de papel

Algunas avispas viven en grupo y fabrican sus nidos de papel. La hembra fabrica el papel masticando plantas y astillas de madera. Luego, lo dispone en capas para construir celdillas similares a las de las abejas. Estas celdillas sirven de **criaderos** y para almacenar su alimento.

▶ El nido o avispero lo instalan en árboles o arbustos, o en huecos al abrigo del viento.

En el agua

Los caimanes y cocodrilos hacen sus nidos con lodo y plantas en las orillas de los ríos. La hembra pone los huevos en el centro, que es húmedo, y luego los cubre, acomodándose sobre ellos. Las tortugas entierran los huevos en nidos bajo la arena para que estén calientes y a salvo. Cuando las crías nacen, se arrastran por la arena hasta llegar al mar.

◀ Cuando el cocodrilo hembra percibe ruidos en el nido, lo descubre y espera a que salgan de los huevos las crías.

▼ **Las tortugas, al nacer, corren por la arena para llegar a salvo al mar. Depredadores, como cangrejos y mapaches, están al acecho.**

Rincón Bilingüe

a salvo · safe · *séif*
almohada · pillow · *pílou*
avispas · wasps · *uásps*
chimpancés · chimpanzees · *chimpánzis*
colchón · mattress · *mátres*
mapache · racoon · *racún*
tortugas · turtles · *tortels*

¿Dónde fabrican sus nidos los **chimpancés**?
¿De qué material hacen sus nidos las **avispas**?
¿Dónde ponen sus huevos las **tortugas**?

Camas para pasar la noche
Cada noche, un chimpancé adulto prepara el nido para dormir en lo alto de un árbol. Primero dobla unas ramas que sirven de colchón, y luego cubre de hojas tiernas la madera. Con ellas se hace también una almohada.

▼ **El chimpancé tarda unos cinco minutos en preparar su nido para la noche.**

El nido es suficientemente grande, de modo que los hijos duermen junto a la madre.

véase: Ciudades subterráneas, pág. 22

Madrigueras y túneles

Los animales que viven en túneles y madrigueras poseen dientes o garras fuertes para poder excavar en el suelo. Algunas casas subterráneas son simples agujeros en el suelo. Otras, como las conejeras, consisten en redes de túneles que conducen a las áreas donde los conejos duermen, viven y cuidan de sus crías.

Una trampa
La **madriguera** de la araña albañil está oculta con una tapa hecha de seda y tierra. La araña espera dentro y, cuando pasa un insecto, lo jala hacia dentro y cierra la tapa.

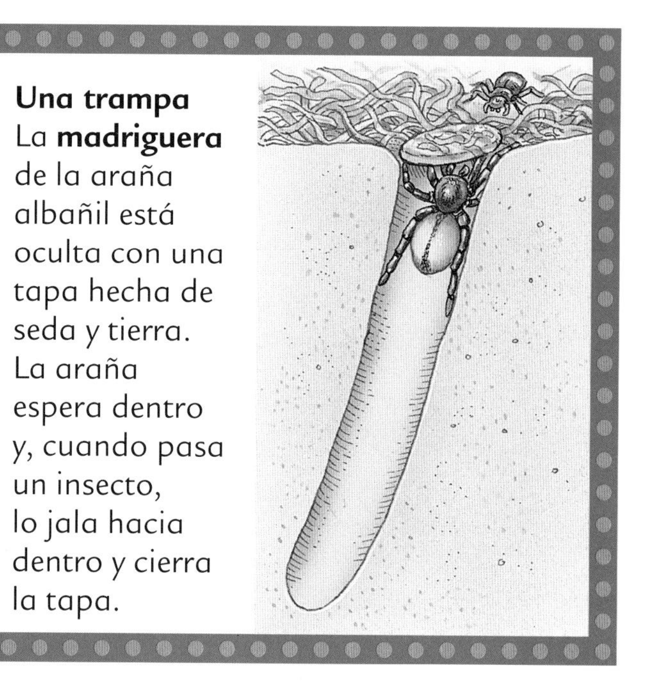

CURIOSIDADES

Los jerbos se protegen del sol del desierto en profundas madrigueras bajo el suelo, donde están frescos y duermen. De noche, salen a cazar.

Las toperas
El topo pasa la mayor parte de su vida bajo tierra, excavando y custodiando túneles. Afloja la tierra con su largo hocico, luego excava con sus garras en forma de pala, comiendo insectos a medida que avanza. Al final de uno de los túneles, construye una sala grande para dormir; otra de las salas la construye para guardar su comida preferida, las lombrices.

▼ De noche, la mamá topo sube a la superficie en busca de hierba y hojas para revestir su nido.

¡Huida!
Los conejos europeos hacen sus casas con entradas especiales de emergencia. Mientras se alimentan en la superficie permanecen cerca de la entrada y, cuando olfatean peligro, se meten rápidamente por ella.

Rincón Bilingüe

europeo · european · *iúro-pían*
madrigueras · burrows · *bórous*
conejera · warren · *uáren*
final · final · *fáinal*
peligro · danger · *déinller*
redes · networks · *net-uórks*
topos · moles · *móuls*
tapa · cover · *cóver*

Nombra dos animales que vivan en **madrigueras**. ¿Cómo fabrican sus **redes** de túneles los **topos**?

▼ **Al amanecer y en la tarde, salen de las conejeras para alimentarse en la superficie.**

véase: Madrigueras y túneles, pág. 20

Ciudades subterráneas

Los perros de las praderas son roedores del tamaño de un conejo que viven en los pastizales de Estados Unidos. Cientos de ellos viven en redes de madrigueras que forman verdaderas ciudades. Cada familia posee su casa. Pasan la mitad de su vida bajo tierra y sólo salen al exterior para comer.

CURIOSIDADES

Los perros de las praderas se reconocen por el olfato. Cuando dos de ellos se encuentran, frotan sus narices para saber si son amigos o enemigos.

La vida en común

La ciudad del perro de las praderas tiene muchos túneles y habitaciones, y varios agujeros de entrada y de salida para huir, que cubre ligeramente con tierra y que puede abrir en una urgencia. Cuando olfatea una serpiente de cascabel en la entrada, rápidamente bloquea el túnel.

En guardia

Durante el día, algunos perros de las praderas montan guardia, mientras los demás **pastan**. Cuando detectan a un enemigo, emiten un agudo ladrido de alarma y todos corren a sus **madrigueras**. Cuando no hay peligro, los guardias silban para que salgan de nuevo.

▼ **Cada ciudad tiene habitaciones para diferentes usos, como dormir y cuidar de las crías.**

El **roedor** *monta guardia en busca de enemigos, como las águilas.*

A los seis meses de edad, la cría de este **roedor** *abandona el nido.*

▲ Ciertas lechuzas anidan en las ciudades de los perros de las praderas, pero éstos a menudo roban los huevos.

Ciudades en peligro

Las ciudades de los perros de las praderas eran antes más grandes que ahora. En Tejas, una de ellas alojaba a unos 400 millones de **roedores** y ¡tenía la extensión de Irlanda! Hoy los agricultores han matado a muchos **roedores**, pues prefieren utilizar los pastizales para cultivo y como alimento del ganado.

agricultor · farmer · *fármer*
cientos · hundreds · *jóndreds*
Irlanda · Ireland · *áireland*
lechuza · owl · *ául*
perro de las praderas · prairie dog · *préiri dog*
roedores · rodents · *róudents*
serpiente de cascabel · rattlesnake · *rátl-snéik*

¿En que país viven los **perros de las praderas**? **Cientos** de estos animales viven en una ciudad. Los **perros de las praderas** son **roedores**.

Amontonan tierra alrededor de cada agujero de entrada para que no entre la lluvia y se filtre el aire.

Si la **madriguera** *está superpoblada, los padres dejan a las crías en ella y construyen otra* **madriguera** *para ellos.*

véase: Madriguera del castor, pág. 8; Casas rodantes, pág. 26

Casas subacuáticas

Bajo el agua existe una gran variedad de lugares donde viven animales, en medio de macizos de plantas acuáticas o entre los oscuros recovecos y grietas de rocas y corales. Muchos hacen sus casas en la arena del lecho marino, y otros viven dentro de otras criaturas o sobre ellas.

HAZ LA PRUEBA

Fabrica un visor submarino cortando los extremos de una botella de plástico. Cubre un extremo y los lados con una hoja de papel celofán para envolver alimentos, fijándola con una liga. Observa con ella debajo de la superficie de estanques y charcos.

La casa compartida

El pez payaso vive seguro entre los tentáculos urticantes de la anémona. Aunque sorprendente, no resulta lastimado porque sus escamas están cubiertas por una baba protectora. Los **depredadores** reciben la picadura de la anémona si se acercan al pez.

▼ El pez payaso limpia las anémonas removiendo las partículas de suciedad y desechos.

¡Qué bocado!
La mayoría de los peces no tiene casa, pero algunos la construyen temporalmente para sus crías. Uno de éstos es el pez gallina, que guarda sus huevos en la boca durante unos diez días hasta que las crías nacen. Éstas permanecen cerca de la madre unos pocos días y luego se separan.

▲ A la primera señal de peligro, las crías del pez gallina se refugian en la boca de la madre.

▲ La entrada de la casa de un pulpo está muy oculta y es apenas del tamaño para que éste se deslice por ella.

Escondites
Las rocas son lugares seguros para muchas criaturas marinas. Algunas, como los erizos violáceos perforan las rocas para hacer sus casas. Otras, como los pulpos, buscan las grietas de las rocas o las hendiduras entre los corales. Las hembras de algunos pulpos incluso limpian su **guarida** antes de depositar los huevos.

Rincón Bilingüe

anémona · anemone · *anémoni*
escama · scale · *squéil*
oculto · hidden · *jídden*
suciedad · dirt · *dert*
escondites · hiding places · *jáiding pléises*
liga · rubber band · *róber band*
sorprendente · surprising · *sorpráising*

¿Dónde encuentran sus **escondites** las criaturas marinas?
¿Qué pez vive en compañía de la **anémona** de mar?

véase: Casas subacuáticas, pág. 24

Casas rodantes

Los caracoles y los cangrejos no abandonan sus casas cuando van en busca de alimento, sino que las llevan consigo porque les sirven de protección. Algunos animales protegen a sus crías cargándolas sobre ellos.

CURIOSIDADES

La piel velluda del perezoso es el mejor nido para un tipo de polilla. Ésta deposita ahí sus huevos. Cuando de ellos salen las orugas, éstas se alimentan de pequeñas plantas llamadas algas que crecen también en la piel del perezoso.

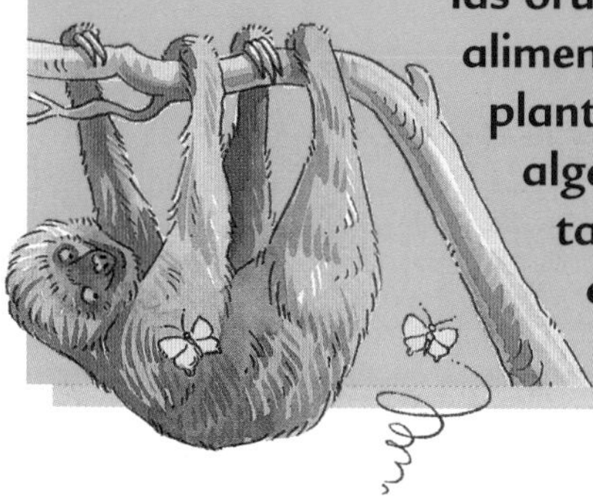

Cochecitos de bebé

Los canguros y los koalas son **marsupiales**. Las hembras alimentan a su cría dentro de la bolsa, y vive dentro de la bolsa de la madre hasta que cumple unos nueve meses de vida.

▼ **En los pastizales de Australia, los canguros saltan con sus crías alimentándose de la hierba.**

La cría se mantiene cerca de la madre. Cuando hay peligro, salta dentro de la bolsa.

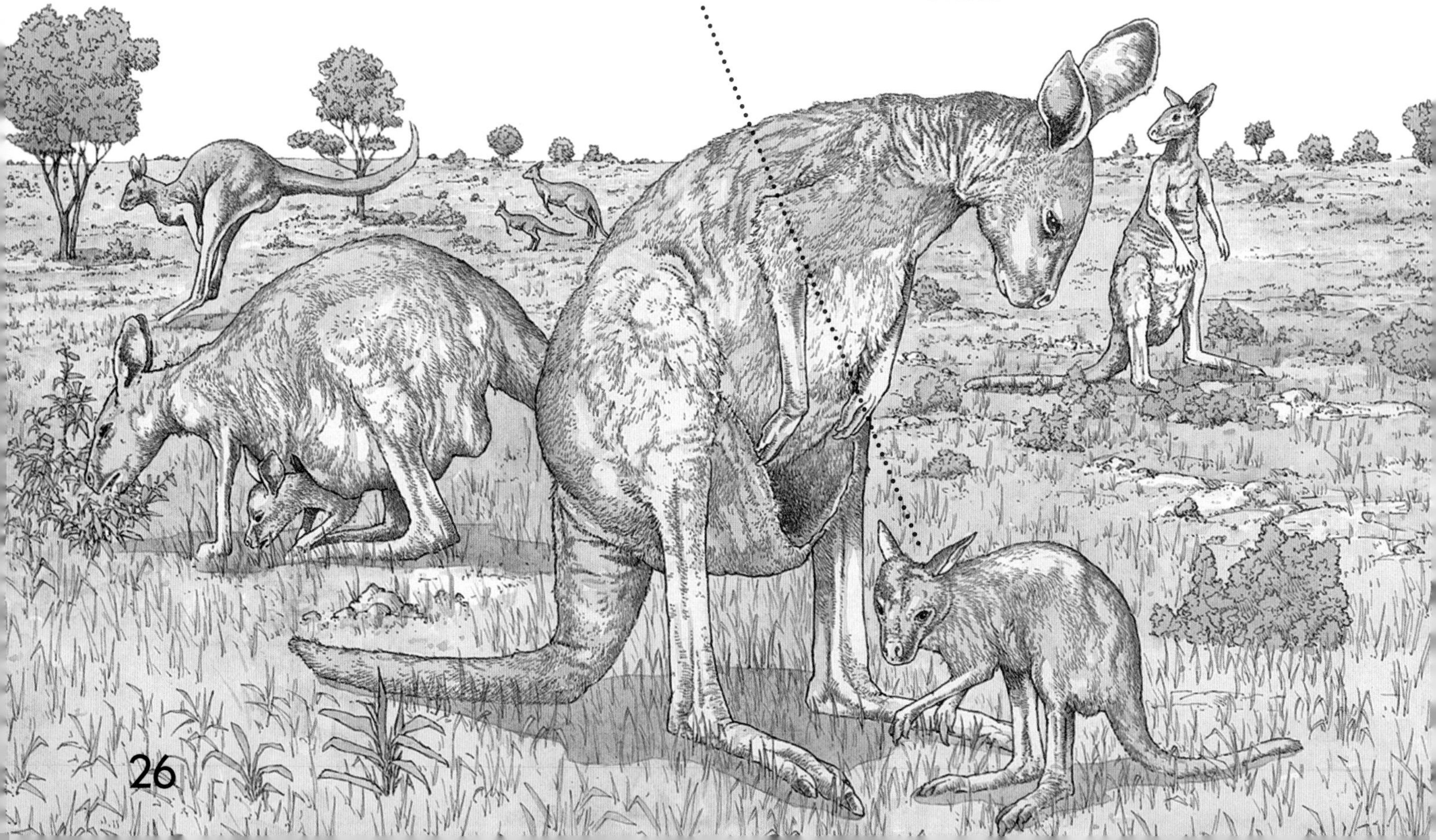

Sólida armadura

La tortuga tiene una concha adherida al cuerpo y que crece a la par que éste. Cuando hay peligro, la tortuga se esconde dentro de ella. Casi todos los cangrejos poseen también conchas que protegen sus blandos cuerpos. El cangrejo ermitaño no tiene concha, pero usa una vacía de algún caracol de mar. Cuando el ermitaño crece demasiado para el tamaño de la concha en que se alojó, busca otra más grande.

▶ **El ermitaño agarra con fuerza la concha para ajustarse en ella.**

▲ **La concha de esta tortuga gigante está hecha de capas de duro cuerno y hueso.**

Rincón Bilingüe

bolsa · pouch · *páuch*
canguro · kangaroo · *cángaru*
caracol · snail · *snéil*
concha · shell · *shel*
cría del canguro · joey · *yói*
marsupial · marsupial · *marsúpial*
tortuga (de tierra) · tortoise · *tórtos*

La **concha** de la **tortuga** crece con el animal.
¿Dónde se esconde la cría del **canguro**?
¿Qué es **un marsupial**?

véase: Ciudades subterráneas, pág. 22

Vida con la gente

¿Sabías que compartes tu casa con toda clase de animales? Ácaros diminutos, polillas y escarabajos viven bajo las alfombras y en la tapicería de los muebles. Los murciélagos pueden anidar en los tejados y los pájaros hacer sus nidos en las chimeneas. Por toda la casa, hay sitios en donde los animales se esconden y comen.

▶ **Mucha gente cuida mascotas en la casa. A cambio del alimento y el lecho, ellas nos dan amor y amistad.**

HAZ LA PRUEBA

Construye una casa para un pájaro colocando una caja en el jardín. Pídele a un adulto que te ayude. La caja será un lugar seguro para que los pájaros se protejan.

Ácaros poderosos
Los ácaros del polvo viven en las casas, aunque son tan pequeños que no se ven. Viven en el polvo casero y ¡su lugar preferido es tu cama! Algunas personas son **alérgicas** a ellos y, al respirar sus desechos, estornudan.

En los parques
Para los animales, los parques son como un trozo de campo en la ciudad; atraen a una fauna muy variada. Culebras y sapos viven bajo pilas de madera y hojas, y las ardillas anidan en los árboles altos. Mapaches y zorros husmean los cubos de basura.

Casas amenazadas
En todo el mundo, las casas de los animales son destruidas para levantar granjas, carreteras y edificios. Estos animales tienen que buscar otros lugares. Unos llegan a la ciudad, donde encuentran calor, alimento y refugio.

Rincón Bilingüe

amor · love · *lov*
granja · farm · *farm*
jardín · garden · *gárden*
mascota · pet · *pet*
parque · park · *parc*
y · and · *and*
amistad · friendship · *fréndship*
culebra · grass snake · *gras snéik*

¿Qué animales has visto en el **parque**? ¿En el **jardín**? Los animales nos pueden dar **amor y amistad**.

▼ **Algunos animales se sienten a gusto en nuevos entornos. Utilizan los escombros que la gente arroja.**

Las arañas pueden tejer sus telas en cualquier parte.

El ratón de campo gusta del relleno de asientos.

Los pájaros buscan lugares seguros para fabricar sus nidos.

Las culebras buscan calentarse en lugares asoleados.

Curiosidades

● Los **diques** de los castores tienen unos 23 m de largo. El más grande fue construido en el río Jefferson, en Montana, E.U., y medía 700 m de largo. Era tan fuerte que por él podía cabalgar una persona a caballo.

☆ *Algunos pájaros no se preocupan por fabricar sus nidos. El cucú europeo pone sus huevos en el nido de otro pájaro y deja que la nueva madre lo incube.*

● Mientras la **larva** del tricóptero se convierte en adulto, vive bajo el agua dentro de una funda fabricada con granos de arena, ramitas, tallos y fragmentos de concha. La funda protege su cuerpo contra el ataque de los peces hambrientos, que no pueden engullirlo.

☆ *La **larva** de la mosca del petróleo vive en las charcas de este producto en California (Estados Unidos). Se alimenta de los insectos atrapados en él y respira a través de tubos que llegan a la superficie como periscopios de submarinos.*

☆ *El pez loro vive entre los corales. De día nada entre ellos y se alimenta de trozos de coral. De noche, emplea media hora en fabricar un saco de dormir con una sustancia gelatinosa que segrega su cuerpo y que lo protege mientras duerme.*

● El pez perla, delgado como un lápiz, vive en casas extrañas: dentro de los cuerpos de los cohombros de mar. Dos o tres de ellos pasan el día durmiendo dentro del cohombro mientras asoman sus cabezas hacia fuera.

☆ *Algunos pájaros fabrican sus nidos con materiales raros. En Francia, el nido de una cigüeña contenía varios pares de medias, gorros de piel, zapatos y botones. En India, unos cuervos fabricaron su nido con armazones de oro de anteojos que robaron en una tienda.*

● En Sudáfrica, los pájaros tejedores fabrican un enorme nido en forma de paraguas y lo dividen en cuartos (cada nido puede tener hasta 95 cuartos), con una pareja en cada cuarto.

Glosario

alérgico Cuando alguien es alérgico a algo, como el polvo, su cuerpo reacciona mal a él.

conejera Casa subterránea del conejo.

criaderos Lugares donde nacen o crecen las crías de los animales.

depredadores Animales que cazan y matan a otros animales para comérselos.

dique Barrera construida a través de un río para contener el agua.

energía Lo que hace que los seres vivos se muevan y crezcan.

guarida Cueva o espesura donde se ponen a cubierto los animales.

hexágonos Figuras de seis lados iguales.

hongo Ser vivo, parecido a una planta, que no tiene hojas. El champiñón es un hongo.

larva Estado de inmadurez (etapa de bebé) de un insecto. Los gusanos y las orugas son larvas.

madrigueras Agujeros en el suelo que los animales usan como casas.

mamíferos Animales que dan a luz crías y las alimentan con la leche de la madre.

manada Grupo grande de animales que se alimentan o viven juntos.

marsupial Es un mamífero cuya cría se alimenta en una bolsa que se encuentra en el cuerpo de la madre.

panal Celdillas de cera fabricadas por las abejas. Muchas celdillas juntas forman la colmena.

pastar Comer hierba.

polen Polvo amarillo que se encuentra en las flores y que recolectan las abejas como alimento.

roedores Grupo de mamíferos, como los ratones y ardillas, con dientes agudos.

subterráneo Que está debajo de la tierra.

termitas Pequeños animalillos de ocho patas.

Índice

Editado en 1998 por
C. D. Stampley Enterprises, Inc.
Charlotte, NC, USA
Edición española

Texto: Anita Ganeri
Asesora: Sandi Bain
Arte: Bill Donohoe, Teri Gower, Peter Bull, Mel Pickering and Dai Owen

Directora de edición: Christine Morley
Editor comisionado: Robert Sved
Director arte: Carole Orbell
Diseñador en jefe: Gareth Dobson
Producción: Adam Wilde
Editor: Janet De Saulles
Investigación en fotografía: Laura Cartwright

Traducción al español:
María Teresa Sanz

ISBN: 1-58087-009-0

Créditos fotográficos: Portada: Planet Earth Pictures; p4: Planet Earth Pictures; p5: Frank Lane Picture Agency; p6: Robert Harding; p8: Oxford Scientific Films; p10/11(c): Bruce Coleman Ltd; p11: Frank Lane Picture Agency; p12: BBC Natural History Unit; p14: Ardea London Ltd; p16: Frank Lane Picture Agency; p17: Bruce Coleman Ltd; p18(s): Ardea London Ltd, (i) Zefa; p19/20/21: Bruce Coleman Ltd; p23: BBC Natural History Unit; p25: Oxford Scientific Films; p27(i): Bruce Coleman Ltd, (d): Frank Lane Picture Agency Ltd; p28: John Englefield.